ISBÉ,

PASTORALE - HEROIQUE,

REPRÉSENTÉE

PAR L'ACADEMIE ROYALE

DE MUSIQUE;

POUR LA PREMIERE FOIS,

Le mardi 10 avril 1742.

DE L'IMPRIMERIE

De J-B-Christophe Ballard, Seul Imprimeur
du Roi, et de l'academie royale de musique;
A Paris, au Mont-Parnasse, rue Saint Jean-de-Beauvais.

M. DCC. XLII.

Avec Privilége de Sa Majesté.

LE PRIX EST DE XXX. SOLS.

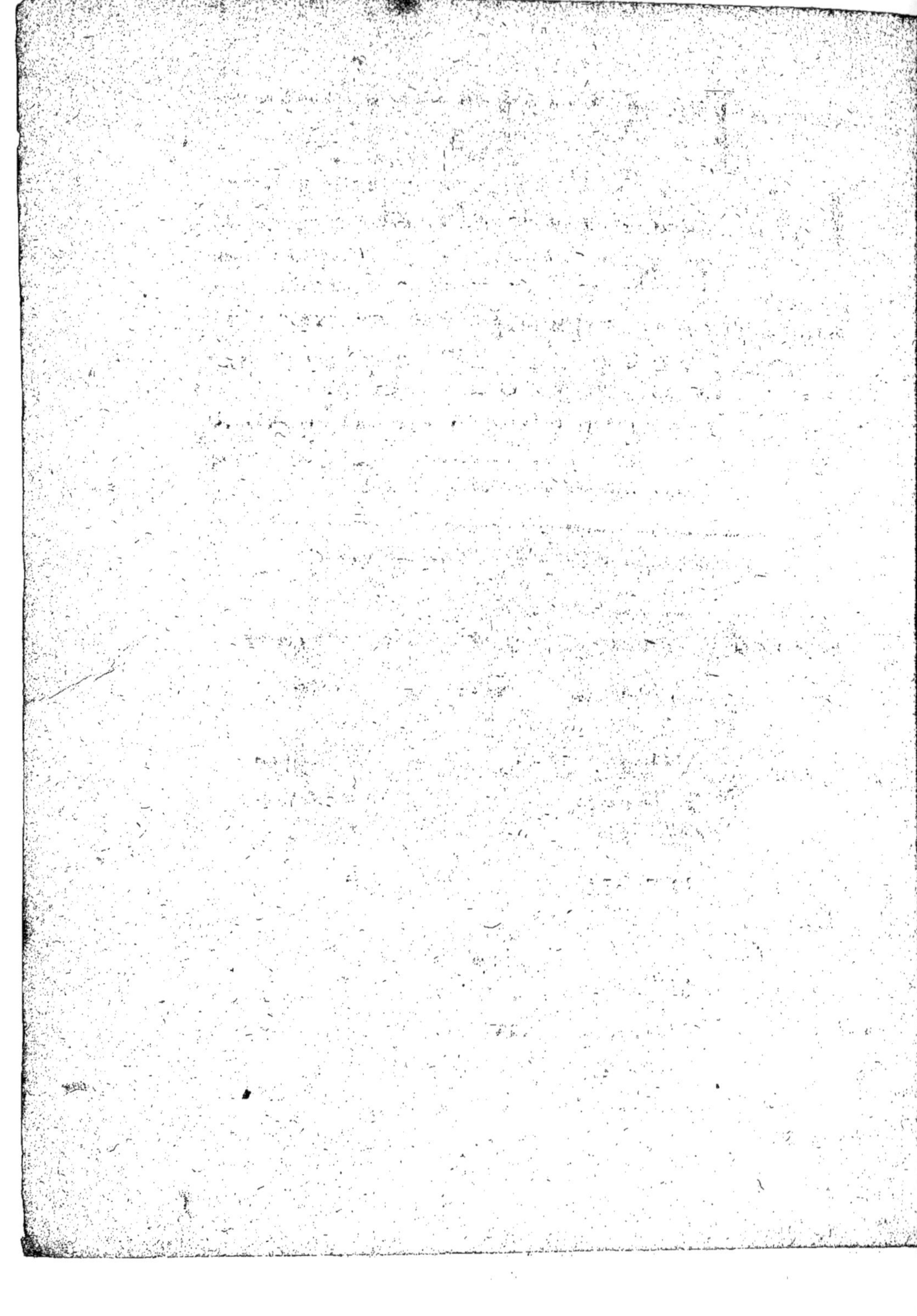

AVERTISSEMENT.

LES Druydes étoient magiciens : tout le monde sait quelle étoit leur superstition pour le Guy de chêne, qu'ils coupoient avec cérémonie le premier jour de l'année. Leurs femmes étoient instruites en leur art magique ; ils avoient pour chef un Grand-Prêtre, qui étoit souverain d'un peuple nombreux répandu dans la Gaule, ainsi qu'on l'apprent de Cesar, et autres auteurs. Après la célébre fête du Guy de chêne, on sacrifioit à Jupiter sous le nom de Tharamis, un ou deux taureaux blancs.

Acteurs chantans dans tous les chœurs.

CÔTÉ DU ROI.		CÔTÉ DE LA REINE.	
Mesdemoiselles	*Messieurs*	*Mesdemoiselles*	*Messieurs*
Dun,	St. Martin,	Antier-C.,	Deserre,
	Marcelet,		Gratin,
Delorge,	Le Page,	Cartou,	Le Mesle,
	La Mare,		St. Amour,
	Fel,		Deshais,
Varquin,	Houbault,	Deshaigles,	Levasseur,
	Bourque,		Treizeville,
Dalmand-C.,	Bornet,	Desgranges,	Chapotin,
	Gallard,		Buzeau,
Coupée.	Duchênet.	Gautier.	Duplessis.

A ij

ACTEURS CHANTANS DU PROLOGUE.

L'AMOUR,   Mlle Julie.

LA VOLUPTE',   Mlle Bourbonnois-L.

LA MODE,   Mlle Eeremans.

PLAISIRS, *suite de* L'AMOUR.

Suite de LA VOLUPTE'.

Suivans de LA MODE, *PANTOMIMES.*

Habitans des rives de la Seine.

ACTEURS DANSANS.

JEUX ET PLAISIRS;

Messieurs Monservin, Matignon, Malter-C. ;
Mesdemoiselles Carville, Petit, Erny.

PANTOMIMES.

Monsieur Lany ;
Messieurs Thessier, Levoir ;
Mesdemoiselles Minot, St Huray.

PROLOGUE.

Le théâtre repréſente le jardin des

THUILLERIES.

✳✳✳✳✳✳✳✳✳✳✳✳✳✳✳✳✳✳✳✳✳✳✳✳✳✳✳✳✳✳✳✳

SCENE PREMIERE.

LA VOLUPTE', Suite de LA VOLUPTE'.

LA VOLUPTE'.

Mour, charmant Amour, dieu de la volupté,
Lance tes traits vengeurs, tu dois être irrité,
Tous les cœurs en ces lieux te refuſent l'hom-
       mage,
 Que l'on rendoit à ta divinité ;

 Mais ſi la clémence t'engage
 A faire grace à leur témérité
Pour me les aſſervir, vole ſur ce rivage ;
De leurs foibles plaiſirs vien détruire l'uſage,
Et reprenons le ſoin de leur félicité.

CHOEUR.

Aimable enfant de la fille de l'onde,
Defcendez fur ces bords, pour rétablir vos loix.

LA VOLUPTE'.

Vous cefferiez, Amour, d'être l'ame du monde,
Si vous nous refufiez de reprendre vos droits
Sur le cœur des fujets du plus puiffant des rois.

CHOEUR.

Aimable enfant de la fille de l'onde,
Defcendez fur ces bords, pour rétablir vos loix.

On entend une fimphonie mélodieufe.

LA VOLUPTE'.

Ah! J'entens que l'Amour en ces lieux va fe rendre,
Un fon harmonieux s'éléve dans les airs,
C'eft l'Amour qui va defcendre,
C'eft le dieu de l'univers.

Roffignols amoureux, allez lui faire entendre
Vos plus doux concerts.

Volez fur fes traces,
Chantez vos defirs:
Et rendez-lui graces
De tous vos plaifirs.

SCENE II.

L'AMOUR, LA VOLUPTE',
Suite de LA VOLUPTE'.

L'AMOUR.

C'Eſt la Volupté qui m'appelle,
Je vole avec ardeur près d'elle.

LA VOLUPTE'.

Souffrirez-vous, Amour, l'affront que je reçoi ?
Une Nymphe bizarre, orgueilleuſe, volage,
Triomphe de vous & de moi;
Elle a briſé vos traits, pour me faire un outrage.

L'AMOUR.

Sur ces bords fortunés, que j'ai long-tems chéris,
On ſe plaiſoit à recevoir ma chaîne,
Les jeunes cœurs n'y craignoient point la peine,
Dont vos plaiſirs étoient le prix;
Ce tems n'eſt plus...

LA VOLUPTE'.
Que l'Amour le raméne...
Rendez-nous ces beaux jours,
Ces jours, dont notre accord favoriſoit le cours.

J'irritois sous vos loix les feux de la tendreſſe ;
Du deſir ſatisfait renaiſſoit le deſir.
Si je flatte à préſent les vœux de la jeuneſſe,
Leplaiſir ſe refuſe à ma délicateſſe,
Et je me vois ſans vous la honte du plaiſir.
La Nymphe qui détruit ici votre puiſſance,
Oſe donner mon nom à ſa nouvelle loi,
　　　Vengez-vous, vengez-moi.

L'AMOUR.

Du caprice, et de l'inconſtance
Cette Nymphe a reçu le jour :
Elle a ſû profiter aſſez de mon abſence,
　　　Pour braver mon retour.

LA VOLUPTE'.

Annoncez vos plaiſirs, et les cœurs vont ſe rendre.

L'AMOUR.

Pour vous déſabuſer, je veux bien l'entreprendre.
Plaiſirs, faites briller vos jeux en ce ſéjour.

On danſe.

SC. III.

SCENE III.
L'AMOUR, LA VOLUPTE',
Suite de la Volupté, PLAISIRS suite de l'Amour,
Habitans des rives de la Seine.

L'AMOUR.

SI vous voulez, belle Jeuneſſe,
Eprouver des plaiſirs inconnus à vos cœurs,
Ne craignez point d'aimer une fiére maîtreſſe,
Laiſſez-vous enflammer, même par ſes rigueurs.
Tôt ou tard mon pouvoir, qui de tout eſt le maître,
Vous ſoumettra l'objet dont vous ſerez charmés :
Mais les amans heureux regretteront peut-être,
Malgré le bonheur d'être aimés,
Le plaiſir d'eſpérer de l'être.

CHŒUR.

Amour, tu prétens
Envain nous ſurprendre :
Envain tu veux rendre
Tous les cœurs contens
Par les doux inſtans
Que tu fais attendre ;
Ce n'eſt plus le tems.

On entend une ſimphonie bizarre, qui annonce LA MODE.

LA VOLUPTE'.

Ciel ! La Nymphe s'avance,
Je vais fuir ſa préſence.

B

SCENE IV.
L'AMOUR, LA MODE.

PLAISIRS suite de L'AMOUR, Habitans
des rives de la Seine,
Suivans de LA MODE, & PANTOMIMES. On danse.

L'AMOUR.

NE cesserez vous point d'abuser les mortels ?
Ils vous doivent l'erreur qui détruit mon empire :
Par cette illusion, je vois que tout conspire
A vous consacrer mes autels.
Ce théâtre de votre gloire,
Sera pour vous un temple de memoire :
Vous y ferez regner les plaisirs turbulens ;
Et le caprice y gravera l'histoire
Des succès inouis de vos heureux talens.

LA MODE.

Quand je ne viens ici qu'abreger vos mistéres,
Mes succés inouis ne vous sont point contraires.
Pour guérir les tristes langueurs,
J'éteins vos flammes inquiettes.
Depuis que sous mes loix les allarmes secrettes
Ne troublent plus les cœurs,
On est heureux sans crainte, on se quitte sans peine ;
Et libre de regrets, de soins, et de soupirs,
L'amant reçoit et brise en même jour sa chaîne,

L'inſtant de ſes deſirs
Achève ſes plaiſirs.

Prenez part à nos jeux. Dans ces lieux tout reſpire
Les charmes ſéduiſans, que ma préſence inſpire.

DANSE DE PANTOMIMES.

L'AMOUR.

Les bizarres concerts, qu'en ce jour vous m'offrez,
Par Apollon jamais ne furent inſpirés :
Sur les mortels votre empire m'étonne ;
A toutes leurs erreurs l'Amour les abandonne.

L'AMOUR remonte dans ſon char.

Pour aſſurer la gloire de mon nom,
Je vole aux rives du Lignon.

LA MODE, & le CHŒUR.

L'Amour nous céde la victoire :
Quel triomphe eſt plus doux ! Célébrons-en la gloire :
L'inconſtance du goût offre mille douceurs,
Bravons toujours l'Amour, c'eſt le tiran des cœurs.

FIN DU PROLOGUE.

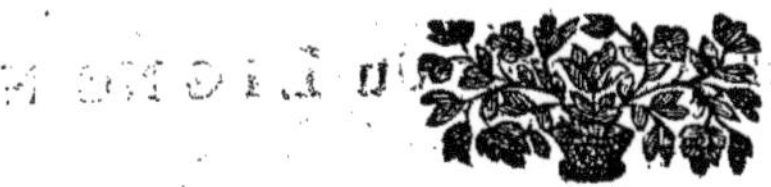

ACTEURS
DE LA PASTORALE.

ISBE', *bergere, amante* d'ALCIDON, Mlle. Le Maure.

ALCIDON, *berger, amant* d'ISBE', M^r. Jelyotte.

ADAMAS, *chef des Druydes,*
souverain et Grand-Prêtre,
amoureux d'ISBE',   M^r. Le Page.

IPHIS, *berger, confident* d'ADAMAS, M^r. Albert.

CHARITE, *bergere,*   Mlle. Fel.

CEPHISE, *Druyde magicienne,* Mlle. Eeremans.

TIRCIS, *berger,*   M^r. Cuvillier.

CLIMENE, *bergere,*   Mlle. Coupée.

TROIS DIEUX DES BOIS,   { M^r. Berard.
                                    { M^r. Cuvillier.
                                    { M^r. Person.

Bergers & bergeres.

Faunes, Satyres, Dryades, Hamadryades.

Zephirs.

Nymphes des fleurs.

Druydes.

Sacrificateurs.

Peuples.

    La scéne est sur les bords du LIGNON.

****

DIVERTISSEMENS
de la pastorale.

PREMIER ACTE.
BERGERS ET BERGERES;
Mademoiselle Camargo;
Messieurs F-Dumoulin, P-Dumoulin,
Dangeville, Levoir;
Mesdemoiselles S. Germain, Courcelle,
Dazencour, Minot.

SECOND ACTE.
FAUNES ET DRYADES;
Monsieur Dupré;
Messieurs Monservin, Javillier, Dumay, Dupré,
Mesdemoiselles Carville, Rabon, Erny, Petit.

TROISIEME ACTE.
PEUPLES;
Mademoiselle Dallemand-L.;
Messieurs Malter-C., Matignon, Dangeville,
P-Dumoulin;
Mesdemoiselles Dazencour, S. Germain,
Dary, Minot.

QUATRIE'ME ACTE.

ZEPHIRS, ET NYMPHES DES FLEURS;

Monsieur D-Dumoulin; Mademoiselle Camargo;
Messieurs Levoir, Couque, Hamoche,
Theffier, Malter-L.;
Mesdemoifelles Courcelle, S^t. Germain,
Dazencour, Dary.

CINQUIE'ME ACTE.

DRUYDES;

Monfieur Javillier-L.;
Messieurs Monfervin, Dumay, Dupré;
Mesdemoifelles Rabon, Petit, Erny.

BERGERS, ET BERGERES;

Messieurs Malter-L., Couque, Levoir, Theffier.
Mesdemoifelles Dazencour, Courcelle,
Fremicourt, Minot.

APROBATION.

J'Ai lû par ordre de monfeigneur le Chancelier,
ISBE', *paftorale heroïque.* A Paris, ce 8 mars
1742.   DE MONTCRIF.

I S B É,

PASTORALE-HEROIQUE.

ACTE PREMIER.

Le théâtre repréfente un bois confacré à L'AMOUR.

SCENE PREMIERE.

La fcéne fe paffe au lever de l'Aurore.

I S B E'.

*Efirs toujours détruits, et toujours renaiffans,*
Sufpendez, s'il fe peut, la violence extrême,
   Du trouble confus que je fens :
   Je ne me connois plus moi-même. Le jour paroît.

Eh! Quoi! L'aftre du jour vient éclairer ces lieux!
Alcidon n'y vient point fe montrer à mes yeux,
   Faut-il que la douce habitude
   De voir tous les jours un berger,
Quand on ne le voit pas, foit une inquiétude ?
Faut-il, quand on le voit, qu'elle foit un danger ?
Defirs toujours détruits, &c.

SCENE II.
ISBE', ALCIDON.

ALCIDON.

Bergere, est-ce le tems de chercher le repos
Sous ces mirthes sacrés, où regne le silence ?
Tous nos bergers se plaignent aux échos
De la rigueur de votre absence.

I S B E'.

Dans ces lieux écartés, loin du trouble & du bruit,
J'esperois retrouver le calme qui me fuit :
Mais, helas ! Qu'il est difficile
De pouvoir, comme vous,
Jouir d'un sort tranquille !

ALCIDON.

Mon sort ne fait point de jaloux,
Et j'en adresse aux dieux une plainte inutile.
Le premier rayon du matin
A peine avoit doré le sommet des montagnes,
Que je parcourois nos campagnes,
En me plaignant de mon destin.

I S B E'.

Quelle peine nouvelle
Y conduisoit vos pas ?

ALCIDON.

En est-il une plus cruelle ?
Je vous cherchois, je ne vous trouvais pas.

ISBE'.

I S B E'.

Eh! De quoi vouliez-vous m'inſtruire ?

A L C I D O N.

Abſent de vos divins appas,
Je crois avoir tout à vous dire ;
Mais lorſque je vous vois, hélas !
Je me ſens interdit, je tremble, je ſoupire.

I S B E'.

Berger, en ce grand jour,
Occupons-nous des jeux qu'on prépare à l'Amour… ;
C'eſt la fête d'un dieu qui cauſe des allarmes.

A L C I D O N.

Ce dieu prend dans vos yeux la force de ſes armes.

Auſſi jeune que le Printems,
Plus belle que la fleur des champs
Nouvellement écloſe,
Vous triomphez à tous inſtans ;
Un ſeul de vos regards de tous les cœurs diſpoſe ;
Nos bergers enchantés par vos attraits charmans,
Sont devenus rivaux, et malheureux amans.

Parmi tant de bergers, qui n'ont pû ſe défendre,
De vous offrir les mêmes vœux,
Il en eſt un cent fois plus tendre,
Mais, plus timide qu'eux ;
Il n'oſe vous apprendre
Qu'il eſt plus malheureux.

C

I S B E'.

Fuyez, berger, fuyez. Je ne veux point entendre,
Je ne veux point savoir un secret dangereux.

ALCIDON.

Pourquoi vous allarmer, bergere,
Du tendre aveu d'un cœur sincére,
Quand tout respire ici les amours, et leurs feux?

I S B E'.

Je sais que sur notre rivage
Les bergeres sont dans l'usage
D'accorder un tendre retour
Au berger, dont le cœur s'engage
A bruler d'un fidéle amour.
Mais leur félicité souvent est incertaine.
Sur la foi d'un amant il ne faut point compter :
Au doux penchant, qui nous entraîne,
Il est plus sûr de résister.
L'amour cause trop de peine,
Je veux toujours l'éviter.

ALCIDON.

L'amour plaît, malgré sa peine,
On ne doit point l'éviter :
Peut-on refuser sa chaîne,
Et ne le point écouter ?

I S B E'.

L'amour cause trop de peine,
Je veux toujours l'éviter.

SCENE III.

ISBE', ALCIDON, IPHIS, CHARITE,
CLIMENE , TIRCIS , Bergers et Bergeres.

On danse.

UNE BERGERE, alternativement avec le chœur.

LE tendre Amour, dans les cieux , sur la terre,
Toujours vainqueur , nous fait chérir ses traits ,
Tout , jusqu'au dieu qui lance le tonnerre ,
Fait son bonheur d'en gouter les attraits :

Sa douce flamme
Fut toujours l'ame
Des tendres soupirs.
Ce dieu rapelle
Nos premiers desirs ,
Et renouvelle
Nos derniers plaisirs.　　　On danse.

I P H I S.

Par l'ordre d'Adamas je préside à vos jeux.
Bergers , faites entendre
Les mouvemens secrets de vos cœurs amoureux ;
Je verrai , qui de vous aura droit de prétendre
Au triomphe éclatant , qu'on prépare en ces lieux.

 I S B E',

CLIMENE, TIRCIS, Ensemble.

Nous goutons le plaisir d'une égale tendresse,
Tout doit céder à notre sort heureux.
Sans allarmes, sans soins, sans crainte, sans tristesse,
Nous nous aimons tous deux.

IPHIS.

Lorsque l'amour est sans allarmes,
Les soins deviennent superflus;
Mais les plaisirs perdent leurs charmes,
Et bientôt on ne s'aime plus.

CHARITE.

A quoi sert-il d'être fidéle ?
Il n'est plus de berger constant.
Le seul qui me juroit une ardeur éternelle,
N'a brulé pour moi qu'un instant :
Il a reçu ma foi ; mais mon dépit extrême
Me dégage de même.

IPHIS.

Un regard de vos yeux, par son attrait vainqueur
Doit rapeller l'ingrat, qui cause votre peine,
C'est triompher deux fois, que de réduire un cœur
A reprendre sa chaîne.

Et vous, charmante Isbé, braverez-vous toujours
Le divin pouvoir des amours ?

ISBÉ.

Si l'Amour sur mon ame exerçoit sa puissance,
Helas ! Quel seroit mon tourment !
Je douterois toujours de la foi d'un amant :
Cette cruelle défiance,
Malgré les feux constans de mon cœur malheureux,
Dans un profond silence
Cacheroit ma foiblesse à l'objet de mes vœux.

ALCIDON, à part.

Trop heureux le berger, digne de ce mistére !

IPHIS.

Quel est donc le sujet qui vous fait soupirer ?
Expliquez-vous.

ALCIDON.

Tout m'engage à me taire ;
Un malheureux amant n'ose se déclarer ;
Mais l'ingrate, l'objet de ma flamme sincére,
A mes soins empressés oppose un cœur sévére.
Malgré l'excés de sa rigueur,
Mon amour prend sans cesse une force nouvelle ;
Rien ne peut effacer ses attraits de mon cœur,
Et je sens qu'à jamais je lui serai fidéle.

IPHIS.

Ne vous allarmez pas de vos tristes soupirs,
Souvent un cœur gémit sous le poids de sa chaîne ;
Mais, si l'amour ne causoit point de peine,
On mépriseroit ses plaisirs.

IPHIS en présentant deux couronnes de fleurs, l'une à ISBE',
et l'autre à ALCIDON.

Triomphez, et rendez hommage
A l'aimable dieu des amours.

IPHIS, et le chœur.

Triomphez, et rendez hommage
A l'aimable dieu des amours :
Votre nouvelle gloire est un heureux présage,
Que sa faveur vous préviendra toûjours.

On danse.

FIN DU PREMIER ACTE.

ACTE SECOND.

Le théâtre repréſente un bois ſacré, et dans le fonds
le palais d'ADAMAS.

SCENE PREMIERE.
ADAMAS.

Mour, dieu ſéducteur, dieu toujours redoutable,
Je ne puis échaper aux rigueurs de ta loi,
Tu me vois implorer ton ſecours favorable,
J'ouvre mon cœur aux traits, que tu lances ſur moi;
    Mais pour être un vainqueur aimable,
Viens flatter mes deſirs, ou calmer mon effroi.
La jeune Iſbé m'inſpire une vive tendreſſe,
La raiſon me défend l'eſpoir d'en être aimé;
Mais les puiſſans attraits, dont mon cœur eſt charmé,
Feront à la raiſon excuſer ma foibleſſe.

S C E N E II.

ADAMAS, IPHIS.

A D A M A S.

HE bien! Iphis, quels bergers dans vos jeux
Viennent d'être victorieux?

I P H I S.

Le berger Alcidon avec Isbé s'avance;
Couronnés par mes mains, ils semblent plus flattés
De jouir de votre présence,
Que des prix qu'ils ont mérités.

A D A M A S.

Le berger est aimable, Isbé jeune & charmante,
L'amour sur tous les deux peut étendre ses droits;
Iphis croit-il Isbé toujours indifférente?

I P H I S.

D'un objet, qu'on ignore, Alcidon suit les loix,
Il se plaint d'une ingrate, et son feu le tourmente;
Mais Isbé semble encor n'avoir point fait de choix.

SC. III.

SCENE III.

ADAMAS, IPHIS, ISBE', ALCIDON.

ADAMAS.

à ISBE'.

BElle Iſbé, je prens part à la douce victoire
Que vous remportez en ce jour :
Je ne ſuis point ſurpris que vous ſoyez la gloire
Des fêtes de l'Amour.

à ALCIDON.

Vous jouïſſez d'un triomphe ſemblable.

ALCIDON.

Helas !

ADAMAS.

Quel chagrin vous accable ?
Un amour malheureux trouble-t'il votre cœur ?

ALCIDON.

Je ne puis le cacher, j'éprouve la rigueur
D'une fière beauté, que malgré moi j'adore ;
Et ce tourment, qui me dévore,
Eſt le ſujet de ma langueur.

D

ISBE',

ADAMAS, à ISBE'.

Vous l'entendez, il souffre un rigoureux martire ;
Eh ! Ne plaignez vous pas un malheureux amant ?

ISBE'.

Moi ! Plaindre ce berger ! Non, si son cœur soupire,
Je ne dois point partager son tourment.

ADAMAS.

Quoi ! De tous les amans empreſsés à vous plaire,
Aucun ne pourra-t'il vous rendre moins sévére ?

ISBE'.

D'un cœur indifférent que peut-on desirer ?

ADAMAS.

Vos vertus, vos appas peuvent tout eſpérer.
Peut-être attendez-vous qu'un illuſtre hymenée
Prenne le soin de déclarer
L'éclat de votre deſtinée ?

ISBE'.

Nos tranquiles hameaux,
Le soin de mes troupeaux
Font ma plus chere envie.
Exempte de regrets,
Je goûte le repos d'une innocente vie,
Et l'éclat des grandeurs eſt pour moi sans attraits.

ADAMAS.

Allez, laiſsez-moi seul dans ce lieu solitaire.
Je veux interroger les dieux de nos forêts,
Du plus sombre avenir ils percent le miſtére,
Ils pourront condamner, ou flatter des projets
Que je dois encor taire.

SCENE IV.

ADAMAS, seul.

Arbres, dont les rameaux s'élévent jusqu'aux cieux,
Dignes objets de nos hommages :
Je tiens du plus puissant des dieux
Le pouvoir d'assembler sous vos sacrés ombrages,
Les déités qui regnent dans ces lieux.
Dieux, qui protegez nos bocages,
Confidens des secrets du sort mistérieux,
Répondez à ma voix, paroissez à mes yeux.
C'est Adamas, qui vous appelle,
Rassemblez-vous, rassemblez-vous,
Marquez-lui votre zéle
Dieux des bois, venez tous.

CHOEUR, derriere le théâtre.

C'est Adamas, qui nous appelle, &c.

SCENE V.

ADAMAS,

Dieux des bois, Dryades, Hamadryades, Faunes,
Satyres.   On danse.

CHOEUR.

Chantons, dansons. Que la vive allégresse,
Sans cesse,
Renaisse
Au gré de nos desirs :
Et que sa douce yvresse
Redouble nos plaisirs.   D ij   On danse.

A D A M A S, aux dieux des bois.

Un trop flatteur & dangereux poison
M'enflamme d'une ardeur, que je ne puis éteindre,
L'espoir d'un doux hymen a vaincu ma raison,
C'est l'Amour qui m'inspire, helas! Qu'il est à craindre!
Mon cœur, accablé de ses coups,
Malgré moi s'abandonne à l'espoir le plus doux.

TROIS DIEUX des bois.

Les traits puissans, que l'Amour lance,
Font triompher ce fier vainqueur:
Il faut céder à sa puissance,
Puisqu'il régne sur votre cœur.

On danse.

A D A M A S.

Du succés de mes vœux dévoilez le mistere,
Dois-je esperer quelque retour?

UN DIEU des bois.

Le Destin répandra des fleurs sur ta carriere,
Il a fixé le sort qui t'attent en ce jour,
Un triomphe éclatant naîtra de ton amour,
N'exige point d'autre lumiere.

A D A M A S.

Qu'ai-je entendu? Ciel! Quel espoir charmant!
D'accord avec mon cœur, les dieux semblent m'apprendre
Qu'un sort heureux va finir mon tourment;
Mes vœux sont éxaucés. Puis-je encor me défendre
De déclarer mon choix avec empressement?

FIN DU SECOND ACTE.

ACTE TROISIÉME.

Le théâtre repréfente un lieu orné pour une fête.

SCENE PREMIERE.
ISBE'.

Ompeux apprêts, que votre afpect m'étonne !
Il m'annonce l'horreur des maux que je prévoi.
        Amour, vien calmer mon effroi,
A ton puiffant fecours mon ame s'abandonne.

    Pompeux apprêts, que votre afpect m'étonne !
Il m'annonce l'horreur des maux que je prévoi.

SCENE II.
ISBE', ALCIDON.
ALCIDON.

CEs lieux ornés nous annoncent la fête
Qu'Adamas, pour vous plaire, ordonne en ce féjour:
Les plaifirs & les jeux, d'accord avec l'amour,
    Vont vous offrir une illuftre conquête.

                 I S B E',

Je ne m'étonne plus de vos derniers mépris ;
Mais l'excés de l'amour dont mon cœur est épris,
Ne méritoit point une offense.

I S B E'.

De ce discours que faut-il que je pense ?

A L C I D O N.

Pouvez-vous l'ignorer, helas !
Vous avez, sans égard, affecté de me dire,
En la présence d'Adamas,
Que vous ne plaigniez pas
Mon rigoureux martire.

Ce Ministre des dieux s'atendrissoit pour vous ;
N'est-ce point assez pour me plaindre,
Et pour être jaloux !

I S B E'.

Non, non, berger, vous n'avez rien à craindre.

A L C I D O N.

Vous cherchez à calmer un trop juste courroux.

I S B E'.

Que l'Amour soit juge entre nous.

A L C I D O N.

Sa gloire dépend trop du pouvoir de vos charmes.

I S B E'.

Ce dieu condamnera vos nouvelles allarmes.

ALCIDON.

S'il se rendoit un jour propice à mes desirs,
Du plus fidéle amant vous souffririez l'hommage ;
Sensible à ses tendres soupirs,
Vos beaux yeux de l'amour apprendroient le langage.
C'est sous l'haleine des Zephirs
Que la plus belle fleur s'embellit davantage ;
Et les oiseaux de ce bocage,
Abandonnés à leurs tristes loisirs ;
N'auroient, sans les amours, qu'un languissant ramage.

ISBE', en sortant avec précipitation.
Helas ! Berger, soyez constant,
Et croyez que l'Amour de mon cœur est content.
Elle sort.

ALCIDON.

Quoi ! Lorsqu'un rayon d'espérance
Semble m'ouvrir les cieux, vous fuyez ma présence !

SCENE III.

ALCIDON, CHARITE.

CHARITE.

ARrêtez, Alcidon, vous étes trop discret,
Vous aimez sans espoir une ingrate bergere,
Et de son nom vous faites un secret,
Voulez-vous toujours me le taire ?

A L C I D O N.

Le secret aux amans quelquefois paroît doux ;
C'est un plaisir que le mistére ;
Mais ce plaisir est ignoré de vous.

C H A R I T E.

Doit-on me reprocher de me faire une fête,
Quand j'annonce qu'un cœur à mes vœux s'est livré ?
On perd l'honneur d'une conquête,
Quand le triomphe est ignoré.

A L C I D O N.

Vous étes jeune & belle,
Vous obtenez bientôt le suffrage des yeux ;
Mais de tous les amans, qui vous offrent leurs vœux,
En est-il un que vous rendiez fidéle ?

C H A R I T E.

Il n'en est point qui soient dignes de moi.
Vous seul m'avez encor refusé votre hommage :
Eprouvez le plaisir de vivre sous ma loi,
Vous jouirez de l'avantage
De fixer une ame volage ;
Je réserve ce prix au don de votre foi.

A L C I D O N.

Rien ne peut altérer mes feux, et ma constance,
Vous ne l'ignorez pas, mon cœur est engagé,
Et je dois vous cacher un feu qui vous offense.

Il sort.

SC. IV.

SCENE IV.
CHARITE.

LE pouvoir de mes yeux sera donc outragé ?
Faut-il que mon orgueil en paroisse affligé ?

Quand un espoir flatteur s'envole,
On doit attendre du hazard
Que son caprice nous console ;
Et son secours vient tôt ou tard.

SCENE V.

ADAMAS, ISBE', CHARITE, PEUPLES,

CHOEUR parodié.

Dieu d'amour,   On danse.
Reçois nos vœux sous ces ombrages,
Sois sensible à nos hommages ;
Et pour célébrer ce jour,
Vole en ce séjour.

Tous les cœurs,
Que tu soumets à ta puissance,
Sont heureux par ta présence,
Elle annonce tes faveurs.

Ton empire
Nous inspire
Le desir
Du plaisir :

E

Qu'il régne sur notre ame
A jamais.
Lance sur nous ta flamme,
Et des traits
Remplis d'attraits.
Amour, dieu des amans,
Dieu des heureux momens,
Reçois nos vœux sous ces ombrages ;
Sois sensible à nos hommages,
Et pour célébrer ce jour,
Vole en ce séjour.

On danse.

A D A M A S, à I s b e'.

Vos suprêmes vertus, jeune & belle bergere,
Ont en votre faveur déterminé mon choix ;
Vous méritez la couronne des rois ;
Mais si mon rang pouvoit vous satisfaire,
Permettez à l'Amour de vous offrir ma main.
La fortune pour moi n'aura plus rien à faire,
Quand vous partagerez mon glorieux destin.

I S B E'.

Aurois-je dû m'attendre
A cet excés d'honneur ?
Ce langage flatteur
Doit assez me surprendre,
Pour vous faire excuser le trouble de mon cœur.

ADAMAS.

L'hymen sera pour vous sans chagrins, sans allarmes,
Mes soins préviendront vos desirs,
L'Amour vous offrira les charmes
Des jeux, des ris, et des plaisirs.

ADAMAS, et le chœur.

Triomphez, et souffrez l'éclat qui vous étonne,
Charmante Isbé, régnez sur nous.

CHOEUR.

Triomphez, et souffrez l'éclat qui vous étonne,
Le puissant Adamas veut être votre époux.
Pour prix de vos vertus la fortune l'ordonne,
Charmante Isbé, que votre sort est doux !
L'hymen, et les amours s'interessent pour vous.

On danse.

CHARITE.

Le plaisir est necessaire,
On doit d'abord le saisir,
Et fût-il une chimére,
Il n'en est pas moins plaisir.
Changeons souvent d'espérance,
Dans une longue constance
L'Amour dort & se détruit,
Mais sitôt qu'il nous présente
L'objet d'une ardeur naissante,
Tout son feu se reproduit.

On danse.

E ij

A D A M A S.

Partagez, belle Isbé, les transports de ma flamme.

I S B E'.

Seigneur, j'en ressens tout le prix,
Mais je voudrois envain rassûrer mes esprits.

A D A M A S.

Calmez le trouble de votre ame.

Après que le chêne sacré
Nous aura dispensé le trésor desiré,
Nous devons implorer l'assistance divine:
L'hymen terminera ce jour,
A son autel j'appellerai l'Amour,
Pour être le garant d'un cœur qu'il vous destine.

C H Œ U R.

Charmante Isbé, que votre sort est doux!
L'hymen, et les amours s'interessent pour vous.

FIN DU TROISIE'ME ACTE.

ACTE QUATRIÉME.

Le théâtre repréſente une prairie émaillée de fleurs:
L'on voit dans un des côtés la demeure de CEPHISE.

SCENE PREMIERE.

ISBE'.

Aiſſe-moi ſoupirer, importune grandeur,
Tes ſuperbes attraits ne me font point envie.
L'Amour a décidé du deſtin de ma vie,
Et détourne mes yeux de ta vaine ſplendeur.

L'hymen précipité, dont Adamas m'honore,
Me détermine enfin à nommer mon vainqueur.
Ce n'eſt qu'un berger que j'adore,
Mais il eſt le roi de mon cœur.

Laiſſe-moi ſoupirer, importune grandeur, &c.

SCENE II.

ISBE', ALCIDON.

ALCIDON.

Voyez couler mes larmes.

I S B E'.

Jugez quelle est l'horreur de mes vives allarmes.

ENSEMBLE.

Voyez couler mes larmes ;
Jugez quelle est l'horreur de mes vives allarmes.

I S B E'.

Mon desespoir répond aux pleurs que vous versez,
Nos malheurs sont communs, il n'est plus tems de
                                        feindre,
Alcidon, je vous aime ; et c'est en dire assez,
Pour vous faire sentir tout ce que je dois craindre.

ALCIDON.

Qu'entens-je ? Vous m'aimez ! Que nous sommes à
                                        plaindre !
Vous m'aimez ! Et je meurs. Dieux ! Quel funeste sort !

I S B E'.

Qui peut vous inspirer ce coupable transport,
Lorsque par votre amour mon ame est asservie ?

ALCIDON.

Eh ! C'est ce même amour qui termine ma vie,
Quand la gloire vous offre un plus illustre époux.

I S B E'.

Je vous le sacrifie,
Je jure que jamais je ne serai qu'à vous.

A L C I D O N.

Mon cœur sent tout le prix d'un si grand sacrifice,
Mais il me force à souhaiter
Qu'aux dépends de mes jours votre hymen s'accomplisse.

I S B E'.

Est-ce là cet amour dont j'osois me flatter?

A L C I D O N.

C'est vous prouver mes feux.

I S B E'.

Non, tu m'en fais douter.

A L C I D O N.

C'est vous prouver que je vous aime
Seulement pour vous-même.

I S B E'.

Du pouvoir d'Adamas je te vois allarmé,
Mon cœur trop tendre s'en offense:
Ne suffit-il pas d'être aimé,
Pour braver d'un rival l'inutile espérance?

A L C I D O N.

Le Destin contre moi déclare son courroux,
Eh! Puis-je à ce rival disputer la victoire?
En m'immolant à votre gloire,
De mon trépas je le rendrai jaloux.

Recevez mes adieux.

I S B E'.

Quels adieux ! Ah ! Barbare !
Tu veux mourir, quand je t'offre ma foi,
Eh ! N'est-ce pas vouloir que j'expire avant toi ?
Une soudaine horreur de mon ame s'empare.

A L C I D O N.

L'amour désespéré...

I S B E'.

Non, tu n'as point d'amour.

A L C I D O N.

Vous me rendrez justice avant la fin du jour.

Il sort.

S C E N E III.

ISBE', IPHIS.

I S B E'.

LE cruel m'abandonne au trouble qui m'agite.
Tous mes sens sont saisis du plus mortel effroi.
Souffrez, Iphis, que je vous quitte.

I P H I S.

Pourquoi vous troublez-vous ? Confiez vous à moi.

I S B E'.

Ramenez Alcidon, ou laissez moi le suivre...
Non, je ne veux point lui survivre...
Que dis-je ? Mon secret échape à mes douleurs.

I P H I S.

Je vous entens. Dieux ! Quels affreux malheurs !

Mais

Mais, près de ce berger différez de vous rendre,
Il seroit dangereux d'oser vous découvrir.

I S B E'.

Contre son desespoir allez donc le défendre.

I P H I S.

N'en doutez pas, je vais lui faire entendre
Qu'il doit encor se taire, espérer, et souffrir.

Cephise dans ces lieux s'avance,
Son art pourroit vous secourir.

I S B E'.

Ah! Qu'elle empêche donc mon berger de mourir.

I P H I S.

Pour adoucir vos maux implorez sa puissance. Il sort.

❋❋❋❋❋❋❋❋❋❋❋❋❋❋❋❋❋❋❋❋❋❋❋❋❋❋❋❋❋

SCENE IV.

ISBE', CEPHISE.

I S B E'.

J'Ose vous confier mon affreux désespoir.

C E P H I S E.

Je connois les tourmens où l'amour vous entraine,
Mon art m'a tout appris; sensible à votre peine,
Je viens, pour la calmer, vous offrir mon pouvoir.

Simphonie.

Enfans des airs, peuple volage,
Volez, Zéphirs, volez sur ce charmant rivage.
Et vous aussi, Nymphes des fleurs,
De vos amans légers, pour mériter l'hommage,
Venez faire briller l'émail de vos couleurs.

❋

F

****

S C E N E V.

CEPHISE, ISBE', ZEPHIRS,
Nymphes des fleurs.

           On danse.

C E P H I S E.

Aimables ennemis de la tendre constance,
 La jeune Isbé gémit sous un joug rigoureux.
Hâtez-vous d'exercer toute votre puissance,
Pour rendre le repos à son cœur malheureux.

C H OE U R.

Le feu qui tourmente
Une jeune amante,
Sera, tôt ou tard,
Eteint par vôtre art.

C'est une folie
De passer la vie
A toujours souffrir,
Sans vouloir guérir.

Le feu qui tourmente, &c.

La constante flamme
Tyranise une ame:
Brûler un seul jour
Suffit à l'amour.

Le feu qui tourmente, &c. On danse.

CEPHISE.

Modérez de la tendresse
Les feux, et les sentimens ;
Leur vaine délicatesse
Est la source des tourmens ;
Mais une flamme légére,
Dont l'objet seul est de plaire,
Fait le plaisir des amans.

On danse.

CEPHISE.

Imitez-nous, imitez les Zéphirs,
Nous ne portons que de légéres chaînes.
Nous connoissons l'Amour pour le dieu des plaisirs,
Et n'éprouvons jamais qu'il est le dieu des peines.

On danse.

Le charme est fait. Goûtez un sort rempli d'appas.
Zéphirs, brisez sa chaîne.

ISBE'.

Ah ! Ne le tentez pas.
Quand l'Amour la rend éternelle,
Qu'esperez-vous de votre zéle ;
Brisez, brisez plutôt la chaîne d'Adamas.

CEPHISE.

D'une flamme cruelle
La raison peut nous garentir.
L'illusion d'un cœur fidéle,
Ne sert qu'à retarder le tems du repentir.

F ij

Il fort de deſſous le théâtre un vaſe rempli
de fleurs enchantées.

Eprouvez de ces fleurs la puiſſance inconnue,
Contre tous vos tourmens leur parfum ſuffira.
Bientôt dans votre cœur la raiſon revenue,
Du dieu d'amour triomphera.

I S B E'.

Reprenez, reprenez un préſent ſi funeſte,
Dans mes tourmens je trouve des plaiſirs :
Je n'en veux point guérir, laiſſez-moi mes ſoupirs,
Laiſſez-moi mon berger, je céde tout le reſte.

Elle ſort.

✿✿✿

S C E N E VI.

C E P H I S E, Z E P H I R S,
Nymphes des fleurs.

C E P H I S E.

POur nous venger, abandonnons ſon cœur
Aux ſoins facheux, aux craintes, aux allarmes :
Qu'elle goûte à ſon gré, la funeſte douceur
De répandre des larmes
Sous les loix de l'Amour vainqueur.

C E P H I S E, et le Chœur.
Pour nous venger, abandonnons ſon cœur, &c.

FIN DU QUATRIEME ACTE.

ACTE CINQUIÈME.

Le théâtre repréſente dans le fonds le temple
de JUPITER-THARAMIS;
Ce temple eſt précédé d'une avenue de chênes.

SCENE PREMIERE.
ISBE', IPHIS.

ISBE', ſans appercevoir IPHIS. [extrême?

Lcidon ne vient point. Quelle eſt ma peine
Amour, puiſſant Amour, prens ſoin de ce que j'aime.

Iphis, où portez-vous vos pas?
Venez-vous m'annoncer la vie ou le trépas?
Ai-je à craindre du ſort la fatale injuſtice?
Que penſe mon berger? Que fait-il? Je frémis.

IPHIS.
Il vient pour aſſiſter au pompeux ſacrifice,
Qu'en ce jour ſolemnel on offre à Tharamis.

ISBE'
Quoi! Déja dans le temple Adamas vient ſe rendre!
Enfin, je vais lui faire entendre
Que j'aime ſon rival.

IPHIS.
Redoutez ſon courroux.
Cet aveu téméraire
Pourroit vous expoſer à ſes tranſports jaloux.
Au fond de votre cœur renfermez ce miſtére.

SCENE II.

ADAMAS, ISBE', ALCIDON, IPHIS,
Druydes, Sacrificateurs, Peuples.

ADAMAS.

*A*Vant que notre hymen couronne mon amour,
 Je dois aux dieux offrir un sacrifice :
 Pour célébrer l'éclat de ce grand jour,
A mes vœux, belle Isbé, que votre cœur s'unisse.
Venez, peuples, venez sous ce chêne divin,
Venez-tous recevoir les faveurs du destin.

CHOEUR.

Que l'on s'aprête
A célébrer la fête
De nos chênes divins :
Le ciel prospére
Exige que l'on révére
L'heureux don que les humains
Vont recevoir de nos mains.

ADAMAS.

Présent des dieux, trésor inestimable ;
Répans sur nos climats, en ce jour mémorable,
Tous les biens que nos vœux se flattent d'obtenir :
La fortune par toi se fixe & se déclare ;
Ton pouvoir prévient, ou répare
Les malheurs, que le sort réserve à l'avenir.

On entend le tonnerre.

CHOEUR.

Tous les dieux contre nous s'unissent-ils ensemble ?
La terre tremble.
Le jour est vaincu par la nuit.
Ciel ! Quel horrible bruit !
Les élémens se déclarent la guerre.
Les airs sont embrasés de feux.
Sur qui doit tomber le tonnerre ?
Est-ce sur le coupable, ou sur le malheureux ?

ADAMAS.

Peuples, rassûrez-vous, si quelquefois la foudre
S'allume pour réduire en poudre
Les coupables mortels condamnés aux tourmens,
Souvent son éclat nous présage
Les plus heureux événemens...
L'Astre du jour triomphe de l'orage.
La victime s'avance ; au souverain des dieux
Offrons nos respects & nos vœux.

Les sacrificateurs frappent la victime.

O puissant Tharamis, recevez notre hommage.

ADAMAS, après avoir ouvert les entrailles de la victime.

Que vois-je ? O ciel ! Le sang refuse de couler.
Justes dieux ? qui de nous auroit commis un crime ?

ALCIDON,

En voulant se saisir du couteau sacré pour se tuer.

Je vous offre une autre victime ;
Mais c'est à moi de l'immoler.

ADAMAS.

Quel excès de fureur vous trouble & vous anime ?

48   I S B E',

ALCIDON.

J'adore Isbé, je céde à ton pouvoir,
Laisse-moi le secours d'un trépas favorable.

I S B E'.

Eh ! Pourrois-je survivre à ton sort déplorable ?
Au nom de notre amour calme ton desespoir.

ADAMAS.

Qu'entens-je ? O ciel! Eh ! Qui l'auroit pû croire ?
Vous offensez ici mon amour & ma gloire.
Tremblez pour votre amant, redoutez ma fureur ;
Une impitoyable vengeance,
En détruisant votre espérance,
Vous fera payer cher la honte de mon cœur.
Perfides, de vos feux je punirai l'outrage,
Un amour méprisé s'abandonne à la rage.

Cruel dépit, jaloux transports,
Hâtez-vous de servir le courroux qui m'enflamme :
Pour me venger, unissez vos efforts,
Irritez la fureur qui régne dans mon ame.

Cruel dépit, jaloux transports,
Hâtez-vous de servir le courroux qui m'enflamme.

à part.

Que dis-je ? Quels projets ? Est-ce à moi de punir ?
Quels noms à mes transports donnera l'avenir ?
Se peut-il que jamais ma gloire se répare ?
Pour être malheureux, doit-on être barbare ?

I S B E'.

I S B E'.
Ne puniſſez que moi, frappez, et vengez-vous.

A L C I D O N.
C'eſt moi qui vous offenſe,
Epuiſez dans mon ſang votre juſte courroux,
Vous me devez la préférence
D'expirer ſous vos coups.

I S B E', A L C I D O N, enſemble.
C'eſt moi qui vous offenſe, &c.

A D A M A S.
Ceſſez de m'irriter. Dieux! Quel effroi me glace!
Généreuſe vertu, ne m'abandonnez pas;
Quand mon juſte courroux les condamne au trépas,
Votre voix dans mon cœur me demande leur grace.

Le ſouverain des immortels
Au miniſtre honoré du ſoin de ſes autels,
Demande un cœur fidéle, et que rien ne partage.
L'éclat de ſon tonnerre étoit donc le préſage
Que ce dieu condamnoit mon eſpoir le plus doux?
Ne différons pas davantage
D'étouffer des deſirs, dont il ſeroit jaloux.

Il faut que leur hymen triomphe de ma flamme,
Lui ſeul peut aſſervir la raiſon dans mon ame.

à A L C I D O N, et à I S B E'.

Je céde à votre amour, amans, ſoyez heureux:
Je conſens que l'hymen réuniſſe vos vœux.

G

50   I S B E',
          ISBE', ALCIDON, ensemble.
Quel bonheur imprévu ! Ciel ! Je n'ose le croire.
                C H O E U R.
        Adamas est comblé de gloire,
     Que son nom vole jusqu'aux cieux.
          Il n'est permis qu'aux dieux
     D'en consacrer dignement la memoire.
        I S B E', A L C I D O N, ensemble.
Je jure de garder, jusques dans le tombeau,
             Un lien si beau.
     Non, non, rien ne dégage une ame,
     Quand l'hymen se sert du flambeau
          Du dieu qui nous enflamme.
                                        On danse.

          A L C I D O N, à A D A M A S.
Triomphez à jamais du pouvoir de l'amour,
        Vous nous donnez, en ce grand jour,
D'un généreux effort un éternel exemple :
Vous méritez des dieux le suffrage immortel ;
     Quand la vertu vous éléve un autel,
          Tout l'univers vous doit un temple.
                                        On danse.

              P A R O D I E.

ALCIDON, et ISBE'.   CHOEUR, pendant le Duo.
Je n'aimerai que vous ; et je le
              jure encore
En cet heureux moment,   Tendres amans,
De garder constamment   Soyez constans ;
La foi de mon serment.   Tous vos momens
Quel sort est plus charmant !   Seront charmans.
Vous m'aimez, je vous adore.   Vous aimez, on vous adore.

ALCIDON, et ISBE'.

Que de feux embrâſent mon
ame !

Mes ſoupirs
Font mes plus doux plaiſirs.
Que de feux embrâſent mon
ame !

ALCIDON.

L'amour heureux
Nous égale aux dieux :
Quoi ! vous partagez ma
flamme ?

CHOEUR, pendant le Duo.

Volez, Amour, volez, em-
brâſez ſon ame
Volez, Amour ; volez, doux
plaiſirs.
Volez, Amour, volez, em-
brâſez ſon ame.

ISBE'.

Je cheris mes nœuds ;
Le ſort des dieux
Eſt dans les cieux
Moins glorieux :
Vous comblez mes vœux,
Quand vous partagez ma
flamme.

CHOEUR, pendant le Duo.

Vos tendres feux
Comblent vos vœux,
L'Amour ſait rendre heureux
Ceux quil enflamme.

On reprend le rondeau, *Je n'aimerai que vous,* **&c.**

ALCIDON, et ISBE'.

Les jeux et les amours
Nous guideront toujours :
Nous commençons le cours
De nos beaux jours
Sans allarmes.
Dieux ! Quel eſt mon bonheur !
Je reçois votre cœur :
Ah ! Que ce bien m'eſt doux !

ALCIDON.	ISBE'.
Et je serai pour vous	*Et je possede en vous*
L'amant & l'époux :	*L'amant & l'époux :*
Ah ! Que de charmes !	*C'est jouir de mille charmes.*

CHOEUR, pendant le Duo.

Aimez toujours sans allarmes,
Quelle douceur !
Dieux ! Quel bonheur
Pour votre cœur !
Rien n'est si doux,
On voit en vous
Deux heureux époux ;
Ah ! Que de charmes !

ALCIDON, ET ISBE'

Triomphe, Amour,
Dans ce séjour :
Charme des cœurs, flamme immortelle,
Lance ces traits,
Dont les effets,
Remplis d'attraits,
Sont sans regrets,
Et font à jamais
Brûler d'un ardeur fidéle.

Pendant le DUO, le Chœur chante les mêmes vers.
On reprend le rondeau, *Je n'aimerai que vous*, &c.

FIN.

Le privilege du Roy, est à la fin d'ISSE', derniere Edition.

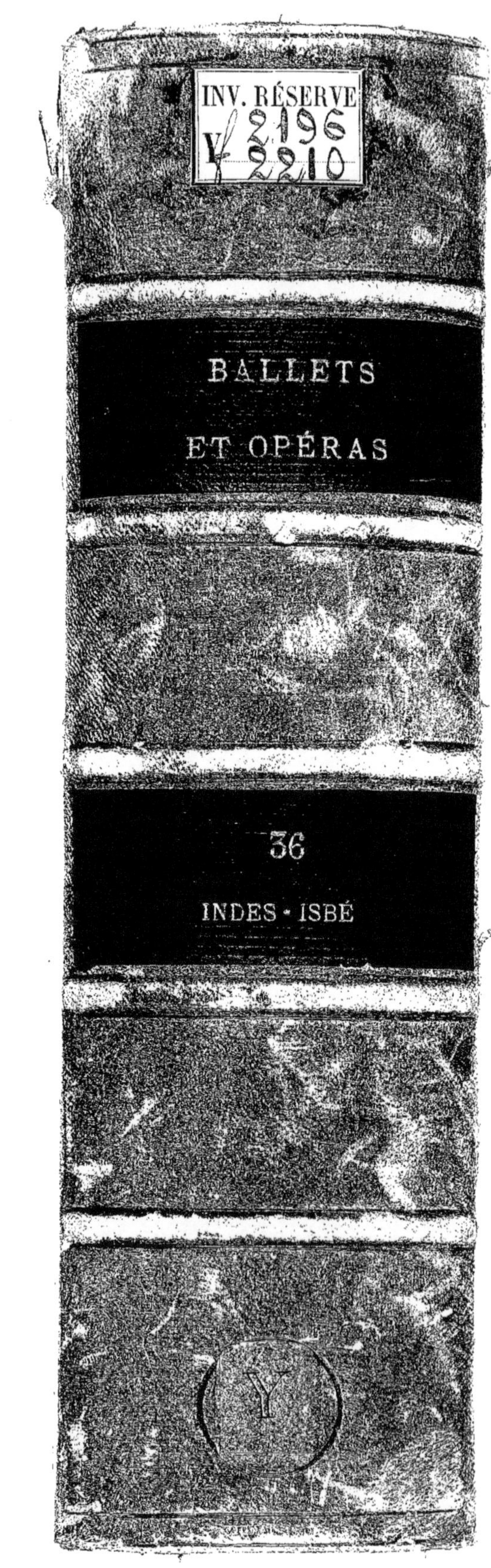
INV. RÉSERVE
V 2196
V 2210
BALLETS
ET OPÉRAS
36
INDES - ISBÉ
Y